Irish-*English*
DICTIONARY

Illustrated by
Rachael O'Neill

Translated by
Yvonne Carroll

Gill & Macmillan

Clár ábhair
Contents

This book was created and produced by Zigzag Publishing Ltd, The Barn, Randolph's Farm, Brighton Road, Hurstpierpoint, West Sussex BN6 9EL, England.

Editor: Helen Burnford
Managing Editor: Nicola Wright
Production: Zoë Fawcett, Simon Eaton
Series Concept: Tony Potter

Colour separations by RCS Graphics Ltd, Leeds.
Printed by Print Centrum, Czech Republic.

This edition published in Ireland by
Gill & Macmillan Ltd, Goldenbridge, Dublin 8 with associated companies throughout the world.

Copyright © 1995 Zigzag Publishing Ltd

ISBN 0-7171-2279-4

A catalogue record is available for this book from the British Library.

About this book

This illustrated dictionary is just right for you if you are starting to learn Irish.

You will find lots of clearly labelled pictures. Match up the small drawings around the main pictures to help you learn when to use each Irish word.

The picture index at the back of this book will also help you translate or understand the Irish words.

Masculine and feminine words

In Irish, some words are masculine and some are feminine.
The word used for 'the' is '**an**'.

an bád   (masculine singular)
the boat

an bhróg   (feminine singular)
the shoe

The Irish word for shoe is '**bróg**'.
When we use '**an**' before a feminine word we add the letter 'h' for example,
bróg becomes **an bhróg**.

For all plural words the word for 'the' is '**na**'.

na báid
the boats

na bróga
the shoes

Accents   á   é   í   ó   ú

Irish vowels often have marks called accents above them: á, é, í, ó, ú.
Vowels with accents are pronounced differently from vowels without accents.

á   sounds like 'aw' in saw
é   sounds like 'ay' in day
í   sounds like 'ee' in see
ó   sounds like 'o' in go
ú   sounds like 'oo' in too

Here are some more sounds to help you:
'**mh**' and '**bh**' both sound like 'v'
'**th**' sounds like 'h'

Do chuid éadaí
Your clothes

póca
pocket

riteoga
tights

T-léine
T-shirt

léine allais
sweatshirt

bóna
collar

léine
shirt

anorac
anorak

cufa
cuff

mufaí cluaise
ear muffs

cochall
hood

bróga leadóige
trainers

lása
lace

guailleáin
braces

veist
vest

mitín
mitten

lámhainn
glove

muinchille
sleeve

bróg
shoe

brístín
pants

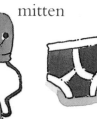

4

fallaing sheomra
dressing gown

corda
cord

pilirín
pinafore dress

bogha
bow

ribín
ribbon

poll cnaipe
buttonhole

cnaipe
button

cairdeagan
cardigan

sipdhúntóir
zip

brístí géine
jeans

scairf
scarf

stoca
sock

brístín
knickers

cuarán
sandal

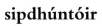

bróg canbháis
plimsoll

gúna
dress

sciorta
skirt

búcla
buckle

crios
belt

dungaraí
dungarees

geansaí
jumper

5

Sa seomra leaba
In the bedroom

piliúr
pillow

cuilt
quilt

slipéar
slipper

culaith ghleacaíochta
leotard

culaith leapa
pyjamas

eitleog
kite

xileafón
xylophone

dréimire
ladder

slacán daorchluiche
baseball bat

mála scoile
satchel

ríomhaire
computer

míreanna mearaí
jigsaw puzzle

teach bábóige
doll's house

bosca
box

leabhar
book

6

teirmeas
Thermos flask

deasc
desk

crochadán
hanger

druma
drum

scáthán
mirror
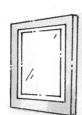

vardrús
wardrobe

pictiúr
drawing

leabhragán
bookcase

bráillín
sheet

cófra tarraiceán
chest of drawers

éadaí bábóige
doll's clothes

foireann traenach
train set
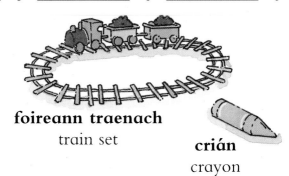

crián
crayon
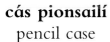

cás pionsailí
pencil case

peann luaidhe
pencil
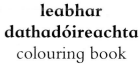

leabhar dathadóireachta
colouring book

caisleán
castle

Sa seomra folctha
In the bathroom

gallúnach
soap

meá
bathroom scales

cuirtín folctha
shower curtain

cithfholcadh
shower

caipín folctha
shower cap

mata folcadáin
bath mat

flainín
flannel

púdar foltfholctha
shampoo

ráille tuáillí
towel rail

ciseán níocháin
laundry basket

folcadán
bath

leac urláir
floor tile

spúinse
sponge

8

páipéar leithris
toilet paper

suíochán leithris
toilet seat

gaothrán
fan

flocas cadáis
cotton wool

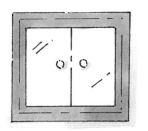

cófra
cabinet

taos fiacal
toothpaste

scuab fiacal
toothbrush

eascra
beaker

sconna
tap

scáthán
mirror

soitheach gallúnaí
soap dish

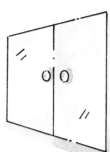

tuáille folctha
bath towel

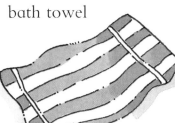

báisín níocháin
washbasin

scuab ingne
nailbrush

stól
stool

leithreas
toilet

Sa chistin
In the kitchen

reoiteoir
freezer

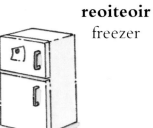
cuisneoir
fridge

meaisín níocháin
washing machine

stopallán
plug

pláta
plate

sorn
cooker

oigheann
oven

spúnóg
spoon

solas
light

forc
fork

scian
knife

bord
table

babhla
bowl

leacán
tile

sconna
tap

doirteal
sink

clár silte
draining board

tóstaer
toaster

cupán
cup

bosca bruscair
pedal bin

clog
clock

friochtán
frying pan

crúiscín
jug

cófra
cupboard

cuntar oibre
worktop

dallóg
blind

stól
stool

bosca brioscaí
biscuit tin

fuinneog
window

tarraiceán
drawer

Sa seomra teaghlaigh
In the living room

pictiúr
painting

aeróg
aerial

iris
magazine

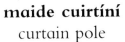
maide cuirtíní
curtain pole

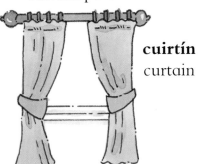
cuirtín
curtain

leac fuinneoige
windowsill

grianghraf
photograph

coinnleoir
candlestick

giotár
guitar

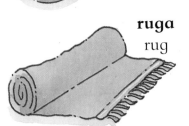
ruga
rug

leabhar grinn
comic

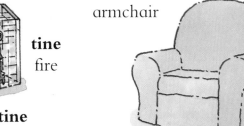
sciath tine
fireguard

tine
fire

cathaoir uilleann
armchair

físthaifeadán
video recorder

teilifíseán
television

12

raidió
radio

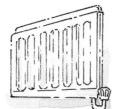
raiditheoir
radiator

teileafón
telephone

bord íseal
coffee table

bláthchuach
vase

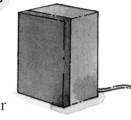
callaire
loudspeaker

seinnteoir ceirníní
record player

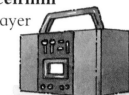
téipthaifeadán
tape recorder

seinnteoir dioscaí
compact disc player

cianrialú
remote control

scáthlán lampa
lampshade

lampa
lamp

matal
mantlepiece

teallach
fireplace

tolg
settee

cairpéad
carpet

nuachtán
newspaper

cathaoir luascáin
rocking chair

Bia
Food

cáis
cheese

anraith
soup

siúcra
sugar

caor fhíniúna
grape

piorra
pear

sceallóga prátaí
chips

burgar
hamburger

ola
oil

spaigití
spaghetti

mionfheoil
mince

piobar
pepper

salann
salt

spíosra
spice

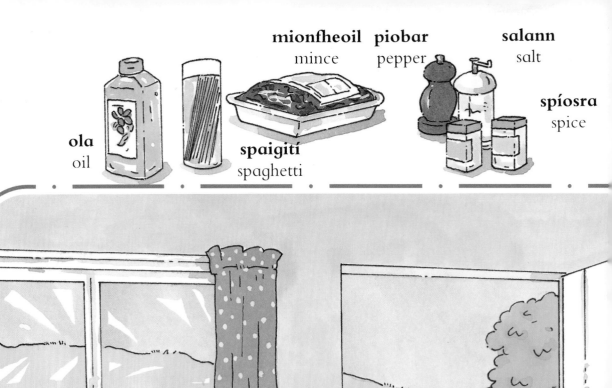

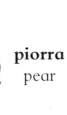

ubh
egg

caife
coffee

subh
jam

criospaí
crisps

mil
honey

14

tráta
tomato

cúcamar
cucumber

gairleog
garlic

finéagar
vinegar

oráiste
orange

banana
banana

úll
apple

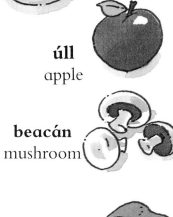

beacán
mushroom

práta
potato

cóilís
cauliflower

pluma
plum

oinniún
onion

pís
pea

im
butter

gránach
cereal

scuais
squash

sú
juice

rís
rice

arán
bread

margairín
margarine

Peataí
Pets

barra
bar

cró hamstair
hamster house

hamstar
hamster

feamainn
seaweed

eangach mhiotail
wire netting

cnámh
bone

easair
bedding

gob
beak

babhla
food bowl

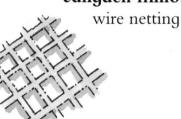

eireaball
tail

coileáinín
puppy

roth
wheel

soitheach uisce
water bottle

feadán
tube

bia gadhar
pet food

muc ghuine
guinea pig

coinín
rabbit

púirín
hutch

cás
cage

siorbal
gerbil

bosca fáire
nesting box

piscín
kitten

fionnadh
fur

tortóis
tortoise

pearóid
parrot

sciathán
wing

crúb
claw

lapa
paw

pearaicít Astrálach
budgerigar

17

Ag súgradh
Playing

spásárthach
spacecraft

clár scátála
skateboard

feisteas buachalla bó
cowboy outfit

téad scipeála
skipping rope

liathróid
football

An Áirc
Noah's ark

scátaí rothacha
roller skates

paraisiút
parachute

bindealán
bandage

eascra
beaker

dísle
dice

cluiche boird
board game

marmar
marble

yó-yó
yo-yo

18

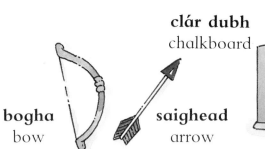

bogha
bow

saighead
arrow

clár dubh
chalkboard

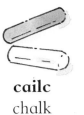

cailc
chalk

Lego
Lego

sprioc
target

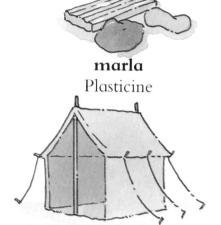

marla
Plasticine

puball
tent

puipéad láimhe
glove puppet

uaireadóir
watch

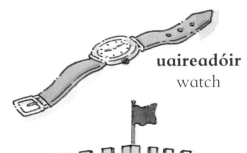

caisleán
castle

feisteas banaltra
nurse's outfit

steiteascóp
stethoscope

mála dochtúra
doctor's bag

feisteas dochtúra
doctor's outfit

feirm bhréagáin
toy farm

19

Sa ghairdín
In the garden

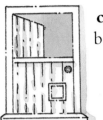
cúldoras
back door

céim
step

poll cait
cat flap

bláthcheapach
flower bed

imeall
border

faiche
lawn

bord éin
bird table

pís thalún
peanut

cnó cócó
coconut

píobán uisce
hose

trírothach
tricycle

caisearbhán
dandelion

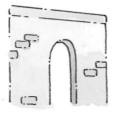
balla
wall

scuab
broom

forc gairdí
garden for|

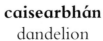
stumpa crainn
tree stump

buatais
boot

fiaile
weed

clann
family

eas
waterfall

gairdín clochrach
rock garden

duilleog bháite
waterlily

fásach
wild garden

éiníní an ghairdín
garden birds

both
shed

tor
shrub

lochtán
terrace
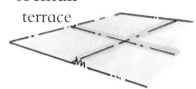

omaire faiche
lawnmower

raca
rake

lián
trowel

láí
spade

próca bláthanna
flowerpot

bosca fuinneoige
window box

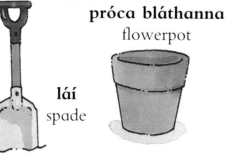

21

Ar scoil
At school

duilleog
leaf

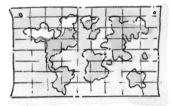
léarscáil
map

léitheoir
reader

ríomhaire
computer

bacán
peg

cóta
coat

bórd dúlra
nature table

bosca bréagáin
toy box

bosca bruscair
wastepaper bin

cré
clay

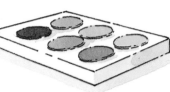
péint
paint

scuab phéinteála
paintbrush

iontaise
fossil

clár tacóidí
pinboard

tacóid ordóige
drawing pin

scriosán
rubber

siosúr
scissors

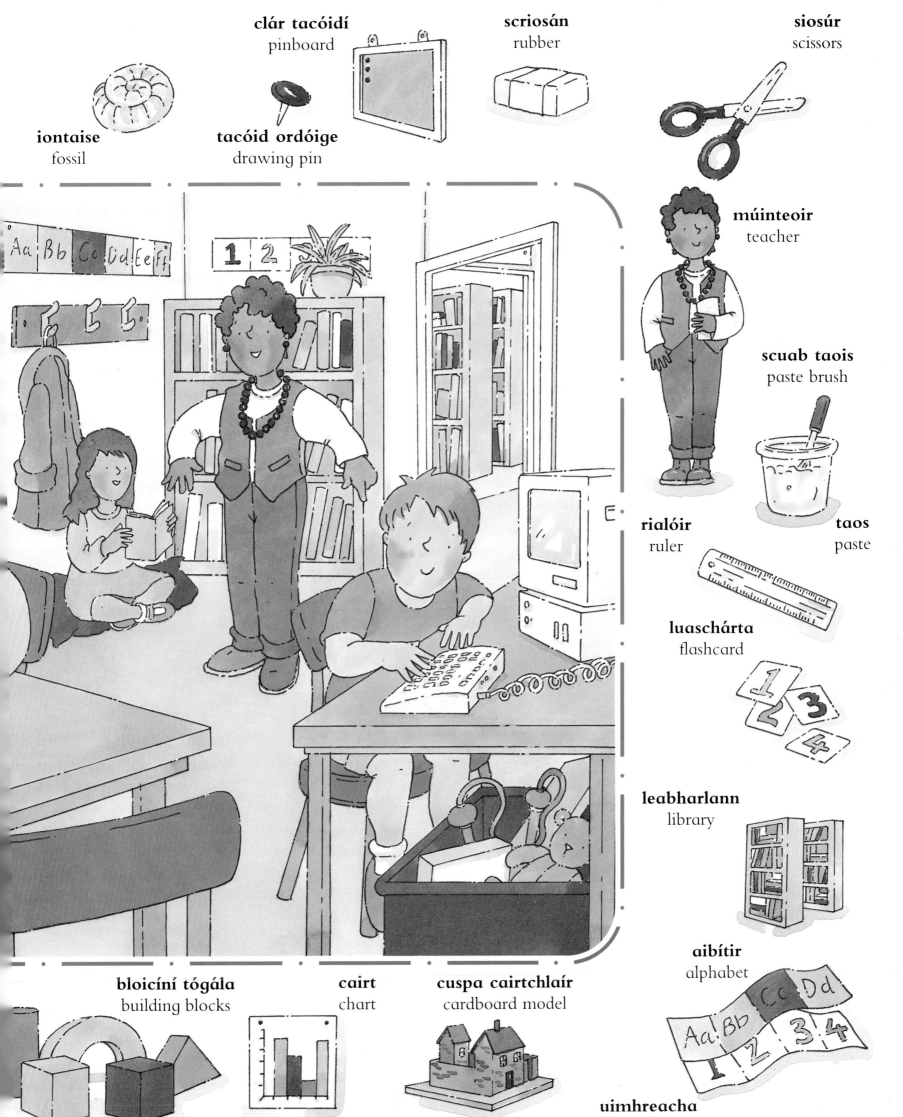

múinteoir
teacher

scuab taois
paste brush

rialóir
ruler

taos
paste

luaschárta
flashcard

leabharlann
library

aibítir
alphabet

bloicíní tógála
building blocks

cairt
chart

cuspa cairtchláir
cardboard model

uimhreacha
numbers

23

Sa pháirc
In the park

cúirt leadóige
tennis court

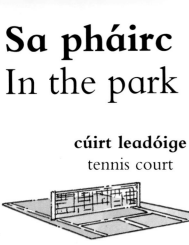

gligín
rattle

leanbh
baby

cairrín páiste
pushchair

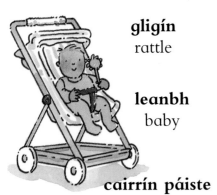

timpeallán
roundabout

fráma dreapadóireachta
climbing frame

sleamhnán
slide

clós súgartha
playground

caife
café

pram
pram

fána
slope

cranndaí bogadaí
seesaw

poll gainimh
sandpit

iall
lead

colúr
pigeon

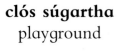

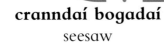

liathróid leadóige
tennis ball

24

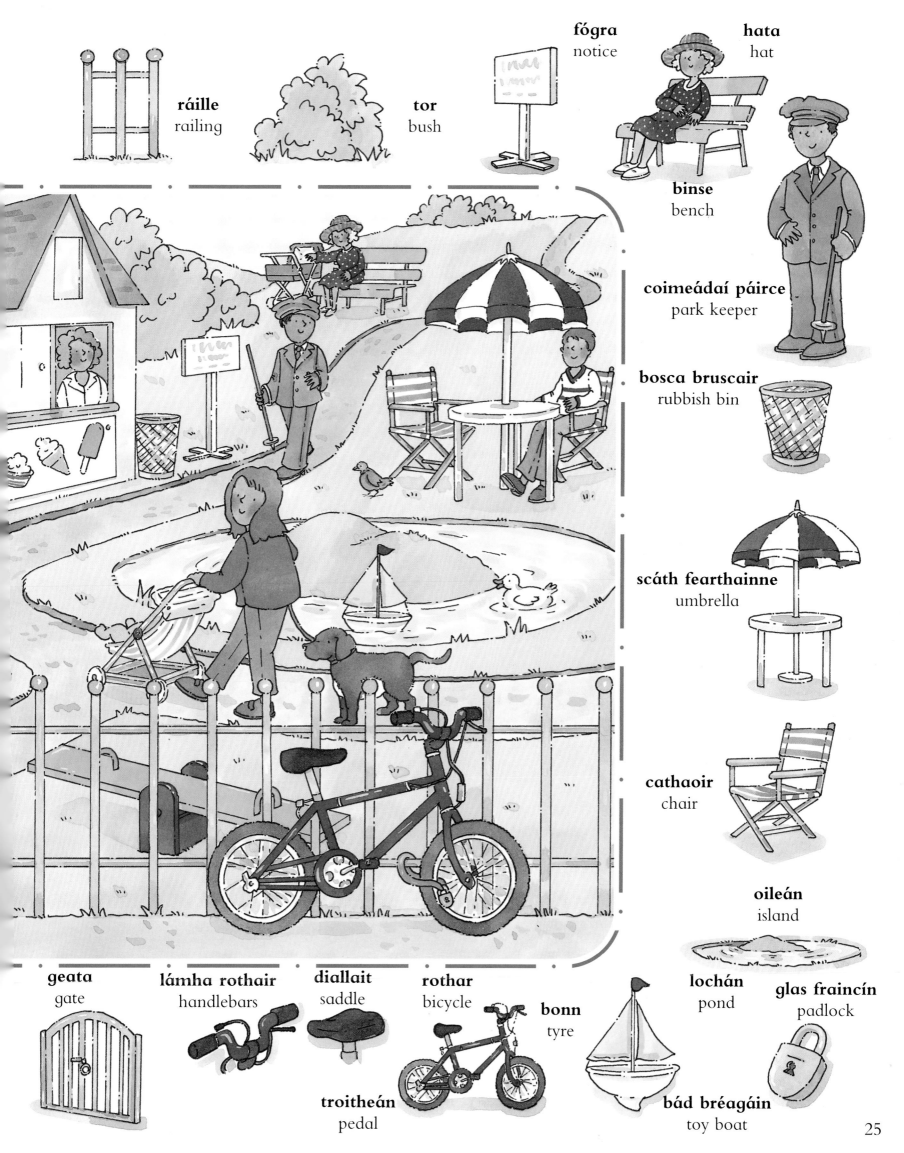

ráille
railing

tor
bush

fógra
notice

hata
hat

binse
bench

coimeádaí páirce
park keeper

bosca bruscair
rubbish bin

scáth fearthainne
umbrella

cathaoir
chair

oileán
island

geata
gate

lámha rothair
handlebars

diallait
saddle

rothar
bicycle

bonn
tyre

troitheán
pedal

lochán
pond

glas fraincín
padlock

bád bréagáin
toy boat

Ar an láithreán tógála
On the building site

tarramhacadam
tarmac

scafall
scaffolding

leoraí crochta
tipper truck

teach spéire
tower block

tochaltóir
digger

galrollóir
steamroller

inneal comhbhrúite
compressor

luchtóir
loader

bríceadóir
bricklayer
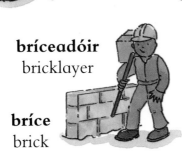

bríce
brick

dumpaire
dumper truck

barra rotha
wheelbarrow
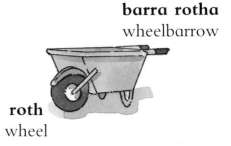

roth
wheel

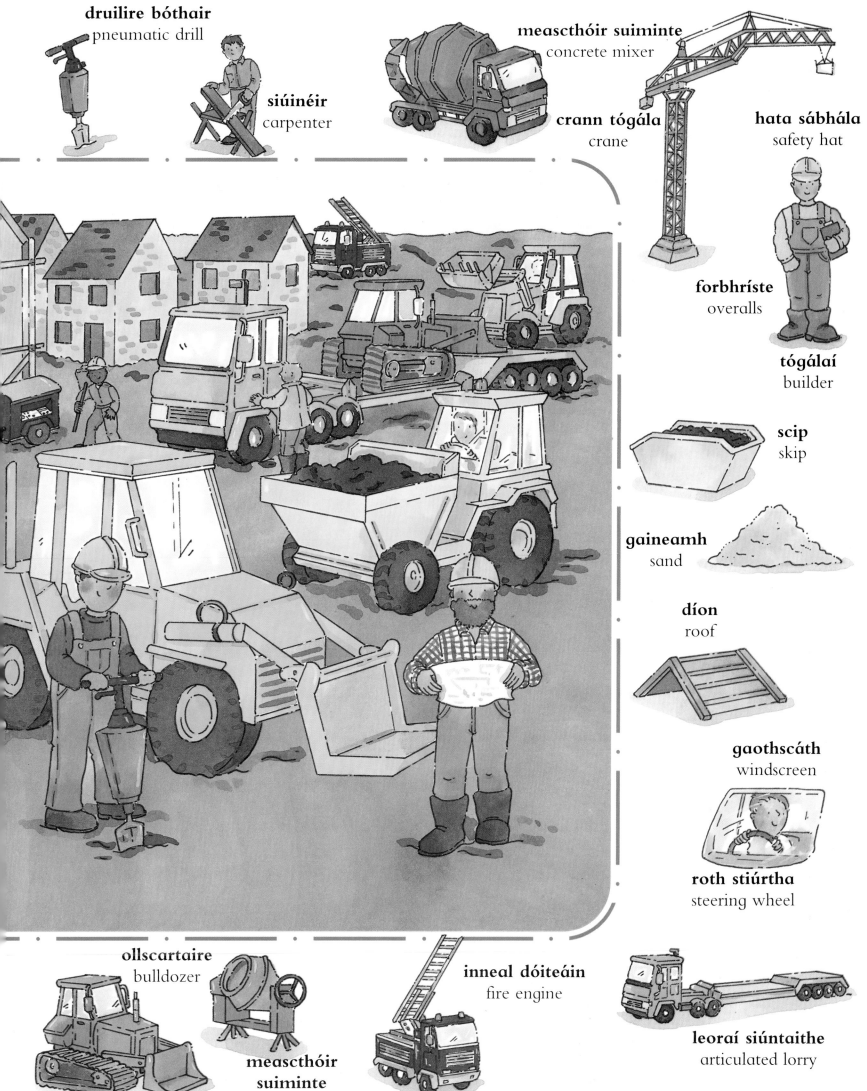

druilire bóthair
pneumatic drill

siúinéir
carpenter

meascthóir suiminte
concrete mixer

crann tógála
crane

hata sábhála
safety hat

forbhríste
overalls

tógálaí
builder

scip
skip

gaineamh
sand

díon
roof

gaothscáth
windscreen

roth stiúrtha
steering wheel

ollscartaire
bulldozer

meascthóir suiminte
cement mixer

inneal dóiteáin
fire engine

leoraí siúntaithe
articulated lorry

27

Sa bhaile mór
In town

bealach trasnaithe
crossing
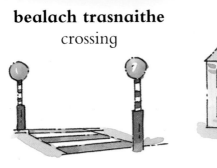

halla an bhaile
town hall

cuaille lampa
lamp post

otharcharr
ambulance
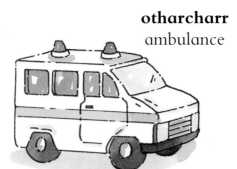

ospidéal
hospital

carr
car

garda
police officer

maor tráchta
traffic warden

soilsí tráchta
traffic lights
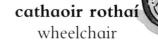

cathaoir rothaí
wheelchair

stáisiún peitril
petrol station

caidéal peitril
petrol pump

trucail
truck

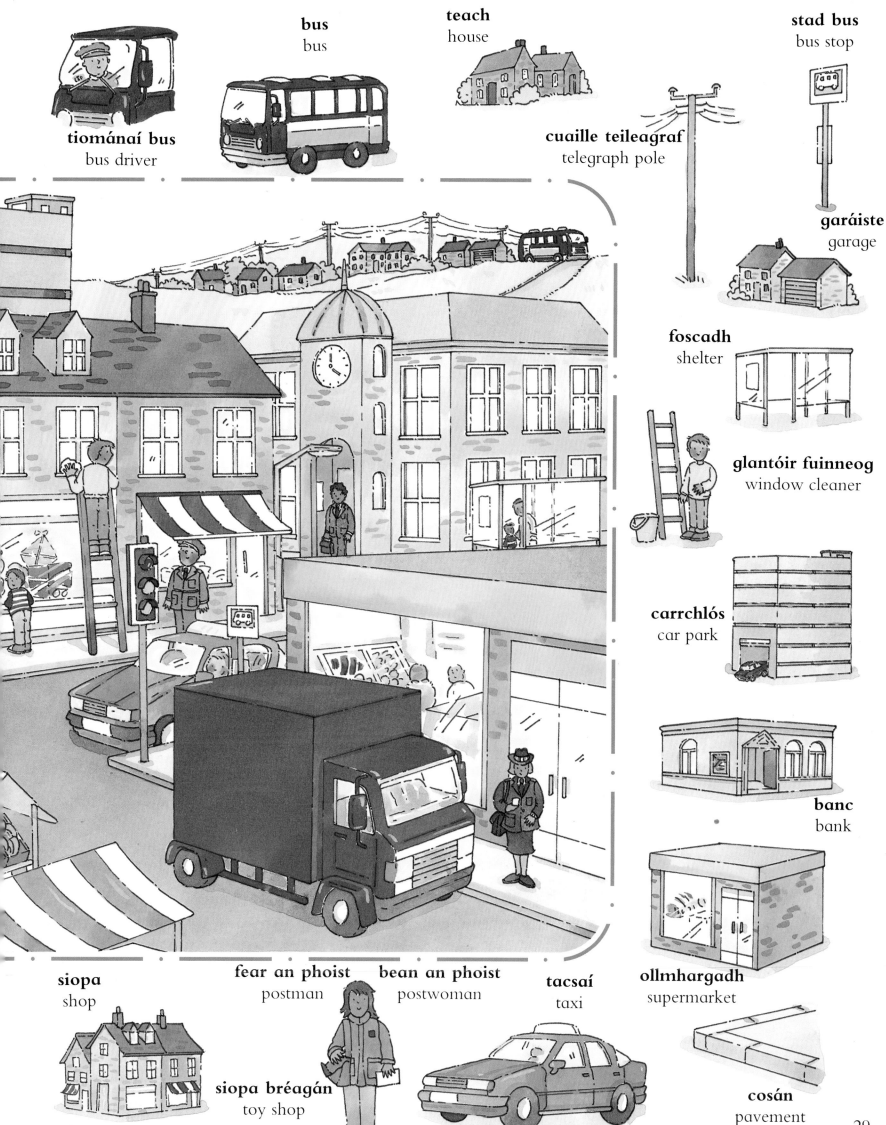

tiománaí bus
bus driver

bus
bus

teach
house

stad bus
bus stop

cuaille teileagraf
telegraph pole

garáiste
garage

foscadh
shelter

glantóir fuinneog
window cleaner

carrchlós
car park

banc
bank

ollmhargadh
supermarket

siopa
shop

fear an phoist
postman

bean an phoist
postwoman

tacsaí
taxi

siopa bréagán
toy shop

cosán
pavement

Ar an bhfeirm
On the farm

féar
hay

díog
ditch

searrach foal

capall
horse

tarbh
bull

cró muc
pig sty

muc
pig

banbh
piglet

scioból
barn

trach
trough

madra caorach
sheepdog

feirmeoir
farmer

bó
cow

lao
calf

gé
goose

góislín
gosling

stábla
stable

30

fear bréige
scarecrow

leantóir
trailer

tarracóir
tractor

cearc
hen

sicín
chick

cró cearc
hen house

bótheach
cowshed

balla
wall

geata
gate

úllord
orchard

dréimire
ladder

caora
sheep

uan
lamb

trucail
truck

lacha
duck

linn lachan
duck pond

éinín lachan
duckling

clós feirme
farmyard

Ag taisteal
Travelling

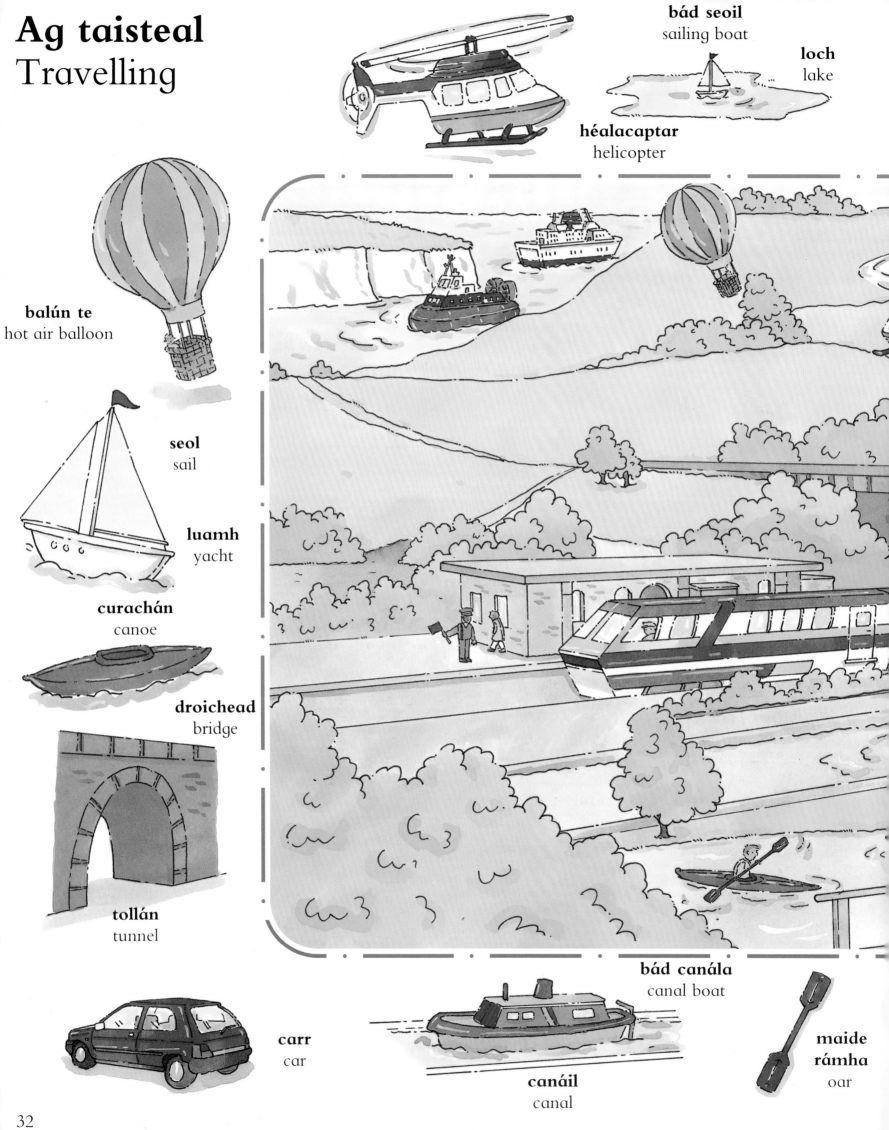

bád seoil
sailing boat

loch
lake

héalacaptar
helicopter

balún te
hot air balloon

seol
sail

luamh
yacht

curachán
canoe

droichead
bridge

tollán
tunnel

carr
car

bád canála
canal boat

canáil
canal

maide rámha
oar

eitleán
aeroplane

bád farantóireachta
ferry boat

lann rothlach
rotor blade

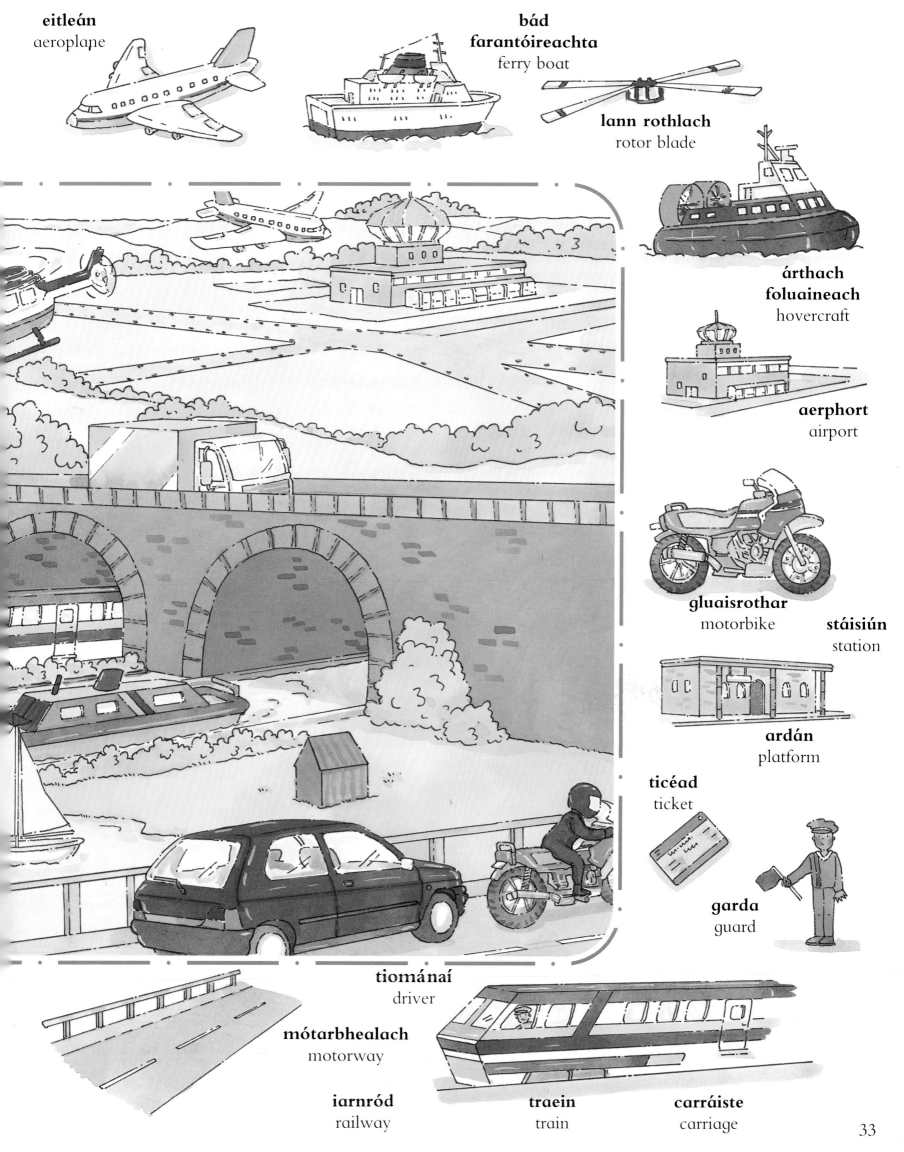

árthach foluaineach
hovercraft

aerphort
airport

gluaisrothar
motorbike

stáisiún
station

ardán
platform

ticéad
ticket

garda
guard

tiománaí
driver

mótarbhealach
motorway

iarnród
railway

traein
train

carráiste
carriage

Cois farraige
On the beach

farraige
sea

aill
cliff

trá
beach

scáthlán gaoithe
windbreak

cathaoir deice
deckchair

óstán
hotel

ola ghriandíonach
suntan lotion

spéaclaí gréine
sunglasses

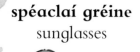

tuáille snámha
beach towel

buicéad
bucket

láí
spade

liathróid trá
beach ball

ciseán picnice
picnic basket

feamainn
seaweed

ribe róibéis
shrimp

snorcal
snorkel

gloiní cosanta
goggles

crios muinchille
armband

34

cé
pier

líon
net

púróg
pebble

sliogán
shell

achtar reoite
ice-cream

caisleán gainimh
sandcastle

móta
moat

brat
flag

tonn
wave

teach solais
lighthouse

clársheoltóir
windsurfer

tonnchlár
surfboard

mútóg
flipper

faoileán
seagull

bád mótair
motor boat

crann
mast

bád seoil
sailing boat

seaicéad tarrthála
lifejacket

Faoin bhfarraige
Underwater

tumadóir
diver

rón
seal

turtar
turtle

deilf
dolphin

roc
ray fish

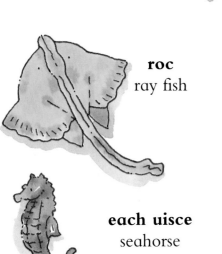

each uisce
seahorse

coiréal
coral

báire
shoal

rosualt
walrus

crosóg mhara
starfish

raic
wreck

ciste
treasure

canóin
cannon

breallán
clam

ribe róibéis
shrimp

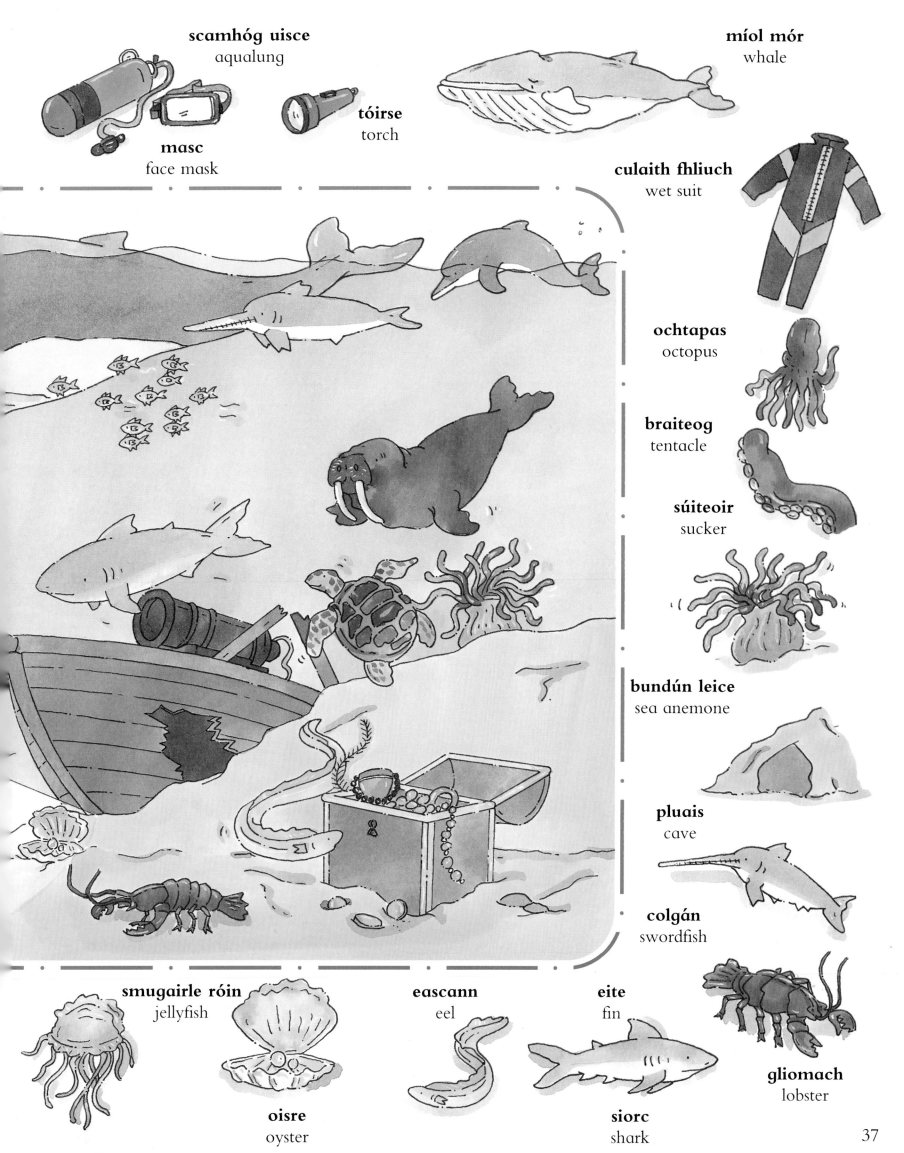

scamhóg uisce
aqualung

tóirse
torch

masc
face mask

míol mór
whale

culaith fhliuch
wet suit

ochtapas
octopus

braiteog
tentacle

súiteoir
sucker

bundún leice
sea anemone

pluais
cave

colgán
swordfish

smugairle róin
jellyfish

eascann
eel

eite
fin

gliomach
lobster

oisre
oyster

siorc
shark

Ainmhithe fiáine
Wild animals

moncaí
monkey

dobhareach
hippopotamus

nathair
snake

gabhar
goat

séabra
zebra

cangarú
kangaroo

sioraf
giraffe

peileacán
pelican

adharc
horn

srónbheannach
rhinoceros

laghairt
lizard

coileán
lion cub

camall
camel

leon
lion

leon baineann
lioness

ailigéadar
alligator

beanna
antlers

fia
deer

liopard fiaigh
cheetah

tíogar
tiger

láma
llama

ostrais
ostrich

eilifint
elephant

arrfhiacail
tusk

trunc
trunk

veain
van

liopard
leopard

lasairéan
flamingo

Cóisir
Having a party

draoi
magician

beart
parcel

slat dhraíochta
magic wand

clóca
cloak

sop
straw

císte
cake

lampaí draíochta
fairy lights

ispín beo
hot dog

balún
balloon

coinneal
candle

éadach boird
tablecloth

pláta páipéir
paper plate

cupán páipéir
paper cup

naipcín páipéir
paper napkin

bogha
bow

cárta
card

ceolán
party squeaker

hata páipéir
paper hat

strillín
streamer

ribín
ribbon

gúna féasta
party dress

pléascóg
cracker

slabhra páipéir
paper chain

bláth páipéir
paper flower

deoch
drink

hata ard
top hat

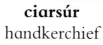

ciarsúr
handkerchief

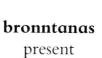

bronntanas
present

41

Foclóir na scéalaíochta
World of stories

dragún
dragon

leipreachán
gnome

gealach
moon

lucht féachana
audience

claíomh
sword

sciath
shield

cleite
plume

clogad
helmet

cathéide
armour

ridire
knight

banríon
queen

rí
king

foghlaí mara
pirate

draíodóir
wizard

coire
cauldron

ollphéist
monster

ulchabhán
owl

fear grinn
clown

caisleán
castle

taibhse
ghost

síóg
fairy

fathach
giant

fear magaidh
jester

aonadharcach
unicorn

coróin
crown

prionsa
prince

banphrionsa
princess

crann scuaibe
broomstick

cailleach
witch

beacón bearaigh
toadstool

smideadh
make-up

coill draíochta
enchanted wood

Cruthanna agus dathanna
Shapes and colours

ramhar
fat

tanaí
thin

barr
top

bun
bottom

thuas
up

thíos
down

cúng
narrow

leathan
wide

sona
happy

brónach
sad

crua
hard

bog
soft

nua
new

sean
old

oráiste
orange

uaine/glas
green

corcra
purple

bándearg
pink

liath
grey

bán
white

buí
yellow

gorm
blue

dubh
black

donn
brown

dearg
red

dronuilleog
rectangle

cearnóg
square

réalta
star

ciorcal
circle

sféar
sphere

ciúb
cube

gearr
short

ard
tall

bogha báistí
rainbow

fada
long

gearr
short

triantán
triangle

45

Séasúir na bliana
Seasons

crann síorghlas
evergreen tree

sneachta
snow

géag
branch

liathróid sneachta
snowball

nead
nest

bláth
blossom

uan
lamb

cith
rain shower

carr sleamhnáin
sledge

fear sneachta
snowman

calóg sneachta
snowflake

earrach
spring

samhradh
summer

fómhar
autumn

geimhreadh
winter

bachlóg
bud

crócas
crocus

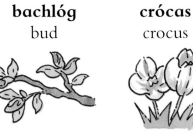

lus an chromchinn
daffodil

sabhaircín
primrose

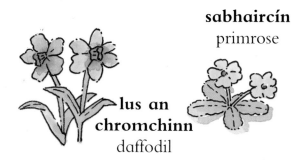

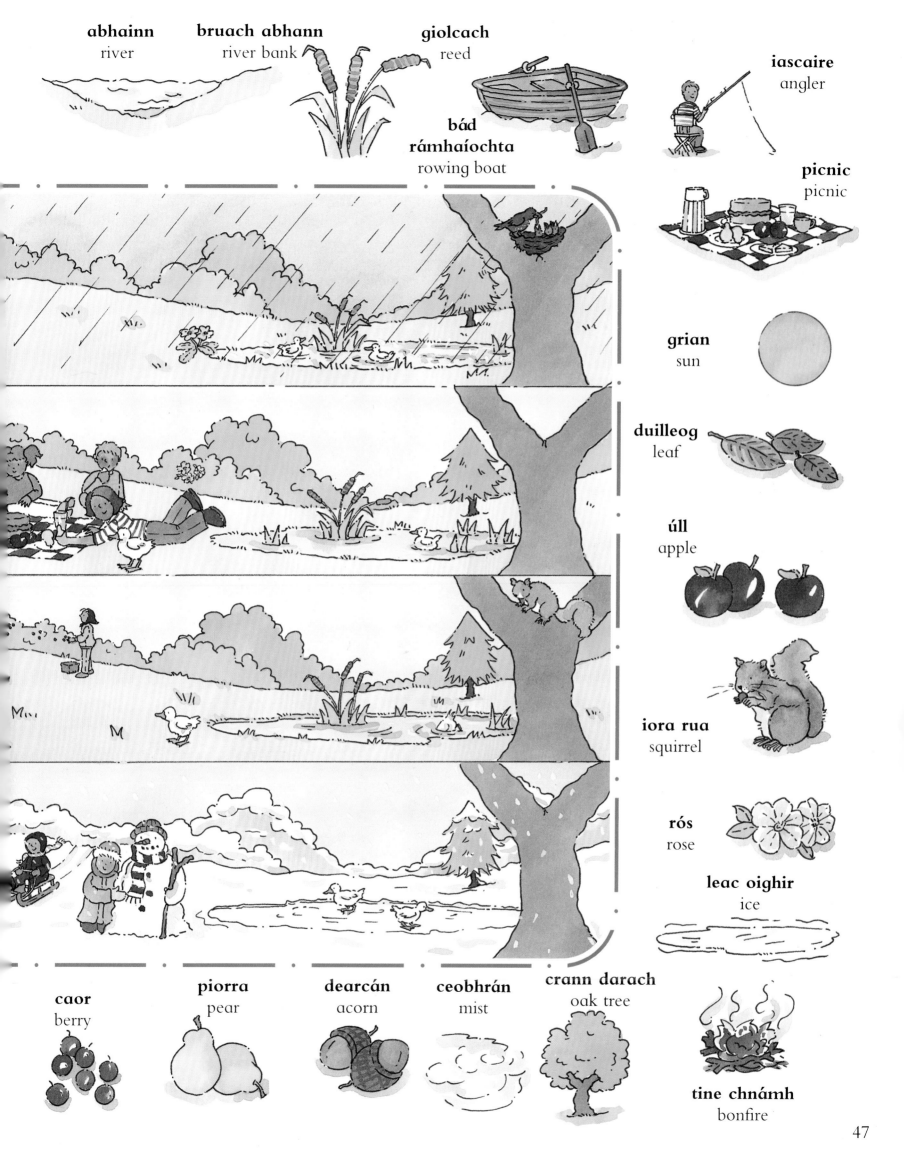

abhainn
river

bruach abhann
river bank

giolcach
reed

bád rámhaíochta
rowing boat

iascaire
angler

picnic
picnic

grian
sun

duilleog
leaf

úll
apple

iora rua
squirrel

rós
rose

leac oighir
ice

caor
berry

piorra
pear

dearcán
acorn

ceobhrán
mist

crann darach
oak tree

tine chnámh
bonfire

Laethanta na seachtaine
Days of the week

An Luan	**An Mháirt**	**An Chéadaoin**	**An Déardaoin**	**An Aoine**
Monday	Tuesday	Wednesday	Thursday	Friday

An Satharn	**An Domhnach**	**an deireadh seachtaine**
Saturday	Sunday	the weekend

Míonna na bliana
Months

Eanáir	**Aibreán**	**Iúil**	**Deireadh Fómhair**
January	April	July	October
Feabhra	**Bealtaine**	**Lúnasa**	**Samhain**
February	May	August	November
Márta	**Meitheamh**	**Méan Fómhair**	**Nollaig**
March	June	September	December

1	**2**	**3**	**4**	**5**	**6**	**7**	**8**	**9**	**10**
aon	dó	trí	ceathair	cúig	sé	seacht	ocht	naoi	deich

11	**12**	**13**	**14**	**15**	**16**	**17**	**18**	**19**	**20**
aon déag	dó dhéag	trí déag	ceathair déag	cúig déag	sé déag	seacht déag	ocht déag	naoi déag	fiche

21	**22**	**23**	**24**	**25**
fiche a haon	fiche a dó	fiche a trí	fiche a ceathair	fiche a cúig

30	**40**	**50**	**60**	**70**	**80**	**90**
tríocha	daichead	caoga	seasca	seachtó	ochtó	nócha

100	**1,000**	**1,000,000**
céad	míle	milliún

Foclóir le pictiúir
Picture Dictionary

Béarla - Gaeilge
English - Irish

Aa

acorn
dearcán

aerial
aeróg

aeroplane
eitleán

airport
aerphort

alligator
ailigéadar

alphabet
aibítir

ambulance
otharcharr

angler
iascaire

anorak
anorac

antlers
beanna

apple
úll

aqualung
scamhóg uisce

armband
crios muinchille

armchair
cathaoir uilleann

armour
cathéide

arrow
saighead

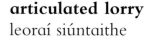
articulated lorry
leoraí siúntaithe

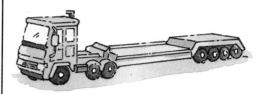

audience
lucht féachana

autumn
fómhar

Bb

baby
leanbh

back door
cúldoras

balloon
balún

banana
banana

bandage
bindealán

bank
banc

bar
barra

barn
scioból

baseball bat
slacán daorchluiche

bath
folcadán

bath mat
mata folcadáin

bath towel
tuáille folctha

bathroom scales
meá

beach
trá

beach ball
liathróid trá

beach towel
tuáille snámha

beak
gob

beaker
eascra

bedding
easair

belt
crios

bench
binse

berry
caor

bicycle
rothar

bird
éan

bird table
bord éin

biscuit tin
bosca brioscaí

black
dubh

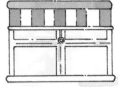
blind
dallóg

blossom
bláth

blue
gorm

board game
cluiche boird

boat
bád

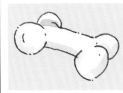
bone
cnámh

bonfire
tine chnámh

book
leabhar

bookcase
leabhragán

boot
buatais

border
imeall

bottom
bun

bow
bogha

bow
bogha

bowl
babhla

box
bosca

braces
guailleáin

branch
géag

bread
arán

brick
bríce

bricklayer
bríceadóir

bridge
droichead

broom
scuab

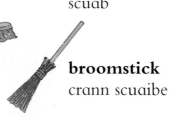
broomstick
crann scuaibe

brown
donn

bucket
buicéad

buckle
búcla

bud
bachlóg

budgerigar
Pearaicít Astrálach

builder
tógálaí

building blocks
bloicíní tógála

bull
tarbh

bulldozer
ollscartaire

bus
bus

bus driver
tiománaí bus

bus stop
stad bus

bush
tor

butter
im

button
cnaipe

buttonhole
poll cnaipe

Cc

cabinet
cófra

café
caife

cage
cás

cake
císte

calf
lao

camel
camall

canal
canáil

canal boat
bád canála

candle
coinneal

candlestick
coinnleoir

cannon
canóin

canoe
curachán

car
carr

car park
carrchlós

card
cárta

cardboard model
cuspa cairtchláir

cardigan
cairdeagan

carpenter
siúinéir

carpet
cairpéad

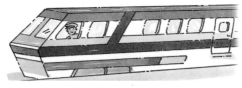
carriage
carráiste

castle
caisleán

cat flap
poll cait

cauldron
coire

cauliflower
cóilís

cave
pluais

cement mixer
meascthóir suiminte

cereal
gránach

chair
cathaoir

chalk
cailc

chalkboard
clár dubh

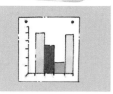
chart
cairt

cheese
cáis

cheetah
liopard fiaigh

chest of drawers
cófra tarraiceán

chick
sicín

chips
sceallóga prátaí

circle
ciorcal

clam
breallán

claw
crúb

clay
cré

cliff
aill

climbing frame
fráma
dreapadóireachta

cloak
clóca

clock
clog

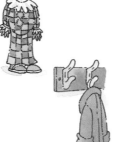
clown
fear grinn

coat
cóta

coconut
cnó cócó

coffee
caife

coffee table
bord íseal

collar
bóna

colouring book
leabhar
dathadóireachta

comic
leabhar grinn

compact disc player
seinnteoir dioscaí

compressor
inneal comhbhrúite

computer
ríomhaire

concrete mixer
meascthóir suiminte

cooker
sorn

coral
coiréal

cord
corda

cotton wool
flocas cadáis

cow
bó

cowboy outfit
feisteas
buachalla bó

cowshed
bótheach

cracker
pléascóg

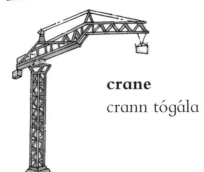

crane
crann tógála

crayon
crián

crisps
criospaí

crocus
crócas

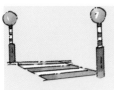

crossing
bealach trasnaithe

crown
coróin

cube
ciúb

cucumber
cúcamar

cuff
cufa

cup
cupán

cupboard
cófra

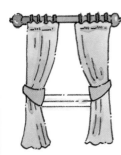

curtain
cuirtín

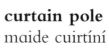

curtain pole
maide cuirtíní

Dd

daffodil
lus an chromchinn

dandelion
caisearbhán

deckchair
cathaoir deice

deer
fia

desk
deasc

dice
dísle

digger
tochaltóir

ditch
díog

diver
tumadóir

doctor's bag
mála dochtúra

doctor's outfit
feisteas dochtúra

doll's clothes
éadaí bábóige

doll's house
teach bábóige

dolphin
deilf

down
thíos

dragon
dragún

draining board
clár silte

drawer
tarraiceán

drawing
pictiúr

drawing pin
tacóid ordóige

dress
gúna

dressing gown
fallaing sheomra

drink
deoch

driver
tiománaí

drum
druma

duck
lacha

duckling
éinín lachan

duck pond
linn lachan

dumper truck
dumpaire

dungarees
dungaraí

Ee

ear muffs
mufaí cluaise

eel
eascann

egg
ubh

elephant
eilifint

enchanted wood
coill draíochta

evergreen tree
crann síorghlas

Ff

face mask
masc

fairy
síóg

fairy lights
lampaí draiochta

family
clann

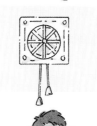

fan
gaothrán

farmer
feirmeoir

farmyard
clós feirme

fat
ramhar

ferry boat
bád farantóireachta

fin
eite

fire
tine

fire engine
inneal dóiteáin

fireguard
sciath tine

fireplace
teallach

flag
brat

flamingo
lasairéan

flannel
flainín

flashcard
luaschárta

flipper
mútóg

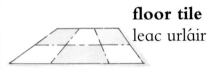
floor tile
leac urláir

flower bed
bláthcheapach

flowerpot
próca bláthanna

foal
searrach

food bowl
babhla

football
liathróid

fork
forc

fossil
iontaise

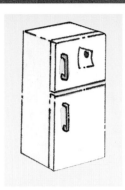
freezer
reoiteoir

fridge
cuisneoir

frying pan
friochtán

fur
fionnadh

Gg

garage
garáiste

garden birds
éiníní an ghairdín

garden fork
forc gairdín

garlic
gairleog

gate
geata

gerbil
siorbal

ghost
taibhse

giant
fathach

giraffe
sioraf

glove
lámhainn

glove puppet
puipéad láimhe

gnome
leipreachán

goat
gabhar

goggles
gloiní cosanta

goose
gé

gosling
góislín

grape
caor fhíniúna

green
uaine

grey
liath

guard
garda

guinea pig
muc ghuine

guitar
giotár

Hh

hamburger
burgar

hamster
hamstar

hamster house
cró hamstair

handkerchief
ciarsúr

handlebars
lámha rothair

hanger
crochadán

happy
sona

hard
crua

hat
hata

hay
féar

helicopter
héalacaptar

helmet
clogad

hen
cearc

hen house
cró cearc

hippopotamus
dobhareach

honey
mil

hood
cochall

horn
adharc

horse
capall

hose
píobán uisce

hospital
ospidéal

hot air balloon
balún te

hot dog
ispín beo

hotel
óstán

house
teach

hovercraft
árthach foluaineach

hutch
púirín

Ii

ice
leac oighir

ice-cream
uachtar reoite

island
oileán

Jj

jam
subh

jeans
brístí géine

jellyfish
smugairle róin

jester
fear magaidh

jigsaw puzzle
míreanna mearaí

jug
crúiscín

juice
sú

jumper
geansaí

Kk

kangaroo
cangarú

king
rí

kite
eitleog

kitten
piscín

knickers
brístín

knife
scian

knight
ridire

Ll

lace
lása

ladder
dréimire

lake
loch

lamb
uan

lamp
lampa

lamp post
cuaille lampa

lampshade
scáthlán lampa

laundry basket
ciseán níocháin

lawn
faiche

lawnmower
lomaire faiche

lead
iall

leaf
duilleog

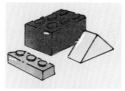
Lego
Lego

leopard
liopard

leotard
culaith ghleacaíochta

library
leabharlann

lifejacket
seaicéad tarrthála

light
solas

lighthouse
teach solais

lion
leon

lioness
leon baineann

lion cub
coileán

lizard
laghairt

llama
láma

loader
luchtóir

lobster
gliomach

long
fada

loudspeaker
callaire

Mm

magazine
iris

magic wand
slat dhraíochta

magician
draoi

make-up
smideadh

map
léarscáil

mantlepiece
matal

marble
marmar

margarine
margairín

mast
crann

mince
mionfheoil

mirror
scáthán

mist
ceobhrán

mitten
mitín

moat
móta

monkey
moncaí

monster
ollphéist

moon
gealach

motor boat
bád mótair

motorbike
gluaisrothar

motorway
mótarbhealach

mushroom
beacán

Nn

nailbrush
scuab ingne

narrow
cúng

nature table
bórd dúlra

nest
nead

nesting box
bosca fáire

net
líon

new
nua

newspaper
nuachtán

Noah's ark
an áirc

notice
fógra

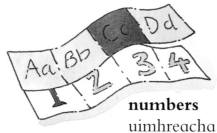
numbers
uimhreacha

nurse's outfit
feisteas banaltra

Oo

oak tree
crann darach

oar
maide rámha

octopus
ochtapas

oil
ola

old
sean

onion
oinniún

orange
oráiste

orange
oráiste

orchard
úllord

ostrich
ostrais

oven
oigheann

overalls
forbhríste

owl
ulchabhán

oyster
oisre

Pp

padlock
glas fraincín

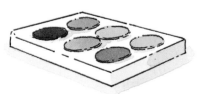
paint
péint

paintbrush
scuab phéinteála

painting
pictiúr

pants
brístín

paper chain
slabhra páipéir

paper cup
cupán páipéir

paper flower
bláth páipéir

paper hat
hata páipéir

paper napkin
naipcín páipéir

paper plate
pláta páipéir

parachute
paraisiút

parcel
beart

park keeper
coimeádaí páirce

parrot
pearóid

party dress
gúna féasta

party squeaker
ceolán

paste
taos

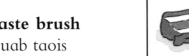
paste brush
scuab taois

pavement
cosán

paw
lapa

pea
pís

peanut
pís thalún

pear
piorra

pebble
púróg

pedal
troitheán

peg
bacán

pelican
peileacán

pencil
peann luaidhe

pencil case
cás pionsailí

pepper
piobar

pet food
bia gadhar

petrol pump
caidéal peitril

petrol station
stáisiún peitril

photograph
grianghraf

picnic
picnic

picnic basket
ciseán picnice

pier
cé

pig
muc

pigeon
colúr

piglet
banbh

pig sty
cró muc

pillow
piliúr

pinafore dress
pilirín

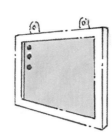
pinboard
clár tacóidí

pink
bándearg

pirate
foghlaí mara

Plasticine
marla

plate
pláta

platform
ardán

playground
clós súgartha

plimsoll
bróg canbháis

plug
stopallán

plum
pluma

plume
cleite

pneumatic drill
druilire bóthair

pocket
póca

police officer
garda

63

pond
lochán

postman
fear an phoist

postwoman
bean an phoist

potato
práta

pram
pram

present
bronntanas

primrose
sabhaircín

prince
prionsa

princess
banphrionsa

puppy
coileáinín

purple
corcra

pushchair
cairrín páiste

pyjamas
culaith leapa

Qq

queen
banríon

quilt
cuilt

Rr

rabbit
coinín

radiator
raiditheoir

radio
raidió

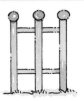
railing
ráille

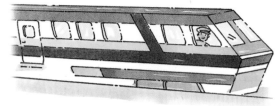
railway
iarnród

rain shower
cith

rainbow
bogha báistí

rake
raca

rattle
gligín

ray fish
roc

reader
léitheoir

record player
seinnteoir ceirníní

rectangle
dronuilleog

red
dearg

reed
giolcach

remote control
cianrialú

rhinoceros
srónbheannach

ribbon
ribín

rice
rís

river
abhainn

river bank
bruach abhann

rock garden
gairdín clochrach

rocking chair
cathaoir luascáin

roller skates
scátaí rothacha

roof
díon

rose
rós

rotor blade
lann rothlach

roundabout
timpeallán

rowing boat
bád rámhaíochta

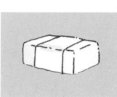
rubber
scriosán

rubbish bin
bosca bruscair

rug
ruga

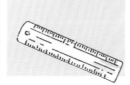
ruler
rialóir

Ss

sad
brónach

saddle
diallait

safety hat
hata sábhála

sail
seol

sailing boat
bád seoil

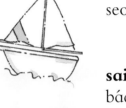

salt
salann

sand
gaineamh

sandal
cuarán

sandcastle
caisleán gainimh

sandpit
poll gainimh

satchel
mála scoile

scaffolding
scafall

scarecrow
fear bréige

scarf
scairf

scissors
siosúr

sea
farraige

sea anemone
bundún leice

seagull
faoileán

seahorse
each uisce

seal
rón

seaweed
feamainn

seesaw
cranndaí bogadaí

settee
tolg

shampoo
púdar foltfholctha

shark
siorc

shed
both

sheep
caora

sheepdog
madra caorach

sheet
bráillín

shell
sliogán

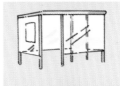
shelter
foscadh

shield
sciath

shirt
léine

shoal
báire

shoe
bróg

shop
siopa

short
gearr

short
gearr

shower
cithfholcadh

shower cap
caipín folctha

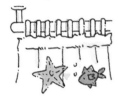
shower curtain
cuirtín folctha

shrimp
ribe róibéis

shrub
tor

sink
doirteal

skateboard
clár scátála

skip
scip

skipping rope
téad scipeála

skirt
sciorta

sledge
carr sleamhnáin

sleeve
muinchille

slide
sleamhnán

slipper
slipéar

slope
fána

snake
nathair

snorkel
snorcal

snow
sneachta

snowball
liathróid sneachta

snowflake
calóg sneachta

snowman
fear sneachta

soap
gallúnach

soap dish
soitheach gallúnaí

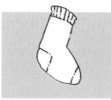
sock
stoca

soft
bog

soup
anraith

spacecraft
spásárthach

spade
láí

spaghetti
spaigití

sphere
sféar

spice
spíosra

sponge
spúinse

spoon
spúnóg

spring
earrach

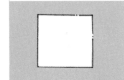
square
cearnóg

squash
scuais

squirrel
iora rua

stable
stábla

star
réalta

starfish
crosóg mhara

station
stáisiún

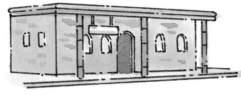

steamroller
galrollóir

steering wheel
roth stiúrtha

step
céim

stethoscope
steiteascóp

stool
stól

straw
sop

streamer
strillín

sucker
súiteoir

sugar
siúcra

summer
samhradh

sun
grian

suntan lotion
ola ghriandíonach

sunglasses
spéaclaí gréine

supermarket
ollmhargadh

surfboard
tonnchlár

sweatshirt
léine allais

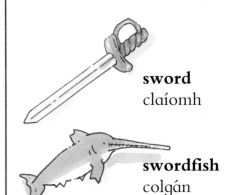
sword
claíomh

swordfish
colgán

Tt

table
bord

tablecloth
éadach boird

tail
eireaball

tall
ard

tap
sconna

tape recorder
téipthaifeadán

target
sprioc

tarmac
tarramhacadam

taxi
tacsaí

teacher
múinteoir

telegraph pole
cuaille teileagraf

telephone
teileafón

television
teilifíseán

tennis ball
liathróid leadóige

tennis court
cúirt leadóige

tent
puball

tentacle
braiteog

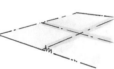

terrace
lochtán

Thermos flask
teirmeas

thin
tanaí

ticket
ticéad

tiger
tíogar

tights
riteoga

tile
leacán

tipper truck
leoraí crochta

toadstool
beacón bearaigh

toaster
tóstaer

toilet
leithreas

toilet paper
páipéar leithris

toilet seat
suíochán leithris

tomato
tráta

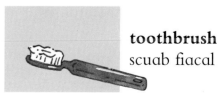

toothbrush
scuab fiacal

toothpaste
taos fiacal

top
barr

top hat
hata ard

torch
tóirse

tortoise
tortóis

towel rail
ráille tuáillí

tower block
teach spéire

town hall
halla an bhaile

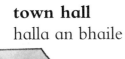

toy boat
bád bréagáin

toy box
bosca bréagáin

toy farm
feirm bhréagáin

toy shop
siopa bréagán

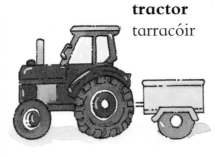
tractor
tarracóir

traffic lights
soilsí tráchta

traffic warden
maor tráchta

trailer
leantóir

train
traein

train set
foireann traenach

trainers
bróga leadóige

treasure
ciste

tree stump
stumpa crainn

triangle
triantán

tricycle
trírothach

trough
trach

trowel
lián

truck
trucail

T-shirt
T-léine

trunk
trunc

tube
feadán

tunnel
tollán

turtle
turtar

tusk
starrfhiacail

tyre
bonn

Uu

umbrella
scáth fearthainne

unicorn
aonadharcach

up
thuas

Vv

van
veain

vase
bláthchuach

vest
veist

video recorder
físthaifeadán

vinegar
finéagar

Ww

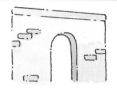
wall
balla

walrus
rosualt

wardrobe
vardrús

washbasin
báisín níocháin

washing machine
meaisín níocháin

wastepaper bin
bosca bruscair

watch
uaireadóir

water bottle
soitheach uisce

waterfall
eas

waterlily
duilleog bháite

wave
tonn

weed
fiaile

wet suit
culaith fhliuch

whale
míol mór

wheel
roth

wheelbarrow
barra rotha

wheelchair
cathaoir rothaí

white
bán

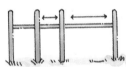

wide
leathan

wild garden
fásach

windbreak
scáthlán gaoithe

window
fuinneog

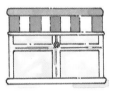

window box
bosca fuinneoige

window cleaner
glantóir fuinneog

windowsill
leac fuinneoige

windscreen
gaothscáth

windsurfer
clársheoltóir

wing
sciathán

winter
geimhreadh

wire netting
eangach mhiotail

witch
cailleach

wizard
draíodóir

worktop
cuntar oibre

wreck
raic

Xx

xylophone
xileafón

Yy

yacht
luamh

yellow
buí

yo-yo
yó-yó

Zz

zebra
séabra

zip
sipdhúntóir

Picture Dictionary
Foclóir le pictiúir

Irish – English
Picture Dictionary

Aa

abhainn
river

adharc
horn

aeróg
aerial

aerphort
airport

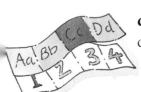
aibítir
alphabet

ailigéadar
alligator

aill
cliff

an áirc
Noah's ark

anorac
anorak

anraith
soup

aonadharcach
unicorn

arán
bread

ard
tall

ardán
platform

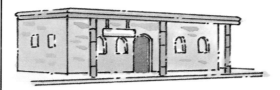

árthach foluaineach
hovercraft

Bb

babhla
bowl

babhla
food bowl

bacán
peg

bachlóg
bud

bád bréagáin
toy boat

bád canála
canal boat

bád farantóireachta
ferry boat

bád mótair
motor boat

bád rámhaíochta
rowing boat

bád seoil
sailing boat

báire
shoal

báisín níocháin
washbasin

balla
wall

balún
balloon

balún te
hot air balloon

bán
white

banana
banana

banbh
piglet

banc
bank

bándearg
pink

banphrionsa
princess

banríon
queen

barr
top

barra
bar

barra rotha
wheelbarrow

beacán
mushroom

beacón bearaigh
toadstool

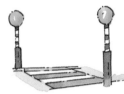

bealach trasnaithe
crossing

bean an phoist
postwoman

beanna
antlers

beart
parcel

bia gadhar
pet food

bindealán
bandage

binse
bench

74

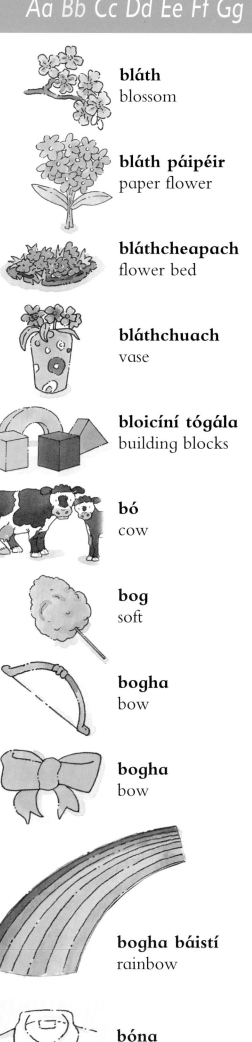

bláth
blossom

bláth páipéir
paper flower

bláthcheapach
flower bed

bláthchuach
vase

bloicíní tógála
building blocks

bó
cow

bog
soft

bogha
bow

bogha
bow

bogha báistí
rainbow

bóna
collar

bonn
tyre

bord
table

bórd dúlra
nature table

bord éin
bird table

bord íseal
coffee table

bosca
box

bosca bréagáin
toy box

bosca brioscaí
biscuit tin

bosca bruscair
pedal bin

bosca bruscair
rubbish bin

bosca bruscair
wastepaper bin

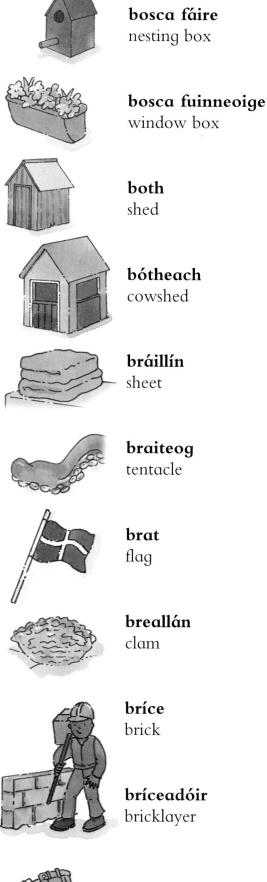

bosca fáire
nesting box

bosca fuinneoige
window box

both
shed

bótheach
cowshed

bráillín
sheet

braiteog
tentacle

brat
flag

breallán
clam

bríce
brick

bríceadóir
bricklayer

brístí géine
jeans

75

brístín
knickers

brístín
pants

bróg
shoe

bróg canbháis
plimsoll

bróga leadóige
trainers

brónach
sad

bronntanas
present

bruach abhann
river bank

búcla
buckle

buí
yellow

buicéad
bucket

buatais
boot

bun
bottom

bundún leice
sea anemone

burgar
hamburger

bus
bus

Cc

caidéal peitril
petrol pump

caife
café

caife
coffee

cailc
chalk

cailleach
witch

caipín folctha
shower cap

cairdeagan
cardigan

cairpéad
carpet

cairrín páiste
pushchair

cairt
chart

cáis
cheese

caisearbhán
dandelion

caisleán
castle

caisleán gainimh
sandcastle

callaire
loudspeaker

calóg sneachta
snowflake

camall
camel

canáil
canal

cangarú
kangaroo

canóin
cannon

caor
berry

caor fhíniúna
grape

caora
sheep

capall
horse

carr
car

carr sleamhnáin
sledge

carráiste
carriage

carrchlós
car park

cárta
card

cás
cage

cás pionsailí
pencil case

cathaoir
chair

cathaoir deice
deckchair

cathaoir luascáin
rocking chair

cathaoir rothaí
wheelchair

cathaoir uilleann
armchair

cathéide
armour

cé
pier

cearc
hen

cearnóg
square

céim
step

ceobhrán
mist

ceolán
party squeaker

cianrialú
remote control

ciarsúr
handkerchief

ciorcal
circle

ciseán níocháin
laundry basket

ciseán picnice
picnic basket

ciste
treasure

císte
cake

cith
rain shower

cithfholcadh
shower

ciúb
cube

claíomh
sword

clann
family

clár dubh
chalkboard

clár scátála
skateboard

clár silte
draining board

clár tacóidí
pinboard

clársheoltóir
windsurfer

cleite
plume

clóca
cloak

clog
clock

clogad
helmet

clós feirme
farmyard

clós súgartha
playground

cluiche boird
board game

cnaipe
button

cnámh
bone

cnó cócó
coconut

cochall
hood

cófra
cabinet

cófra
cupboard

cófra tarraiceán
chest of drawers

coileáinín
puppy

coileán
lion cub

cóilís
cauliflower

coill draíochta
enchanted wood

coimeádaí páirce
park keeper

coinín
rabbit

coinneal
candle

coinnleoir
candlestick

coire
cauldron

coiréal
coral

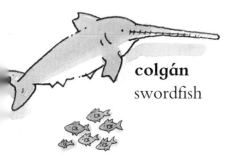
colgán
swordfish

colúr
pigeon

corcra
purple

corda
cord

coróin
crown

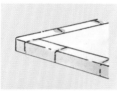
cosán
pavement

cóta
coat

crann
mast

crann darach
oak tree

crann scuaibe
broomstick

crann síorghlas
evergreen tree

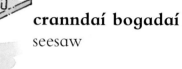
crann tógála
crane

cranndaí bogadaí
seesaw

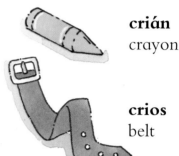
cré
clay

crián
crayon

crios
belt

crios muinchille
armband

criospaí
crisps

cró cearc
hen house

cró hamstair
hamster house

cró muc
pig sty

crócas
crocus

crochadán
hanger

crosóg mhara
starfish

crua
hard

crúb
claw

crúiscín
jug

cuaille lampa
lamp post

cuaille teileagraf
telegraph pole

cuarán
sandal

cúcamar
cucumber

cufa
cuff

cuilt
quilt

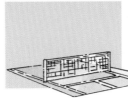
cúirt leadóige
tennis court

cuirtín
curtain

cuirtín folctha
shower curtain

cuisneoir
fridge

culaith fhliuch
wet suit

culaith ghleacaíochta
leotard

culaith leapa
pyjamas

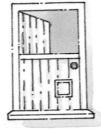
cúldoras
back door

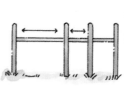
cúng
narrow

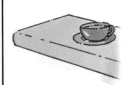
cuntar oibre
worktop

cupán
cup

cupán páipéir
paper cup

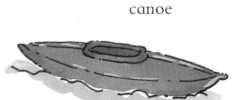
curachán
canoe

cuspa cairtchláir
cardboard model

Dd

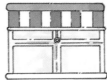
dallóg
blind

dearcán
acorn

dearg
red

deasc
desk

deilf
dolphin

deoch
drink

diallait
saddle

díog
ditch

díon
roof

dísle
dice

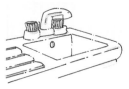

dobhareach
hippopotamus

doirteal
sink

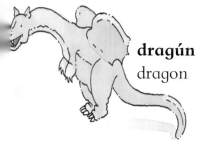

donn
brown

dragún
dragon

draíodóir
wizard

draoi
magician

dréimire
ladder

droichead
bridge

dronuilleog
rectangle

druilire bóthair
pneumatic drill

druma
drum

dubh
black

duilleog
leaf

duilleog bháite
waterlily

dumpaire
dumper truck

dungaraí
dungarees

Ee

each uisce
seahorse

éadach boird
tablecloth

éadaí bábóige
doll's clothes

éan
bird

eangach mhiotail
wire netting

earrach
spring

eas
waterfall

easair
bedding

eascann
eel

eascra
beaker

eilifint
elephant

éinín lachan
duckling

éiníní an ghairdín
garden birds

eireaball
tail

eite
fin

eitleán
aeroplane

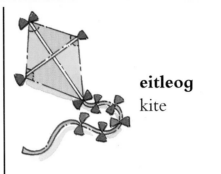

eitleog
kite

Ff

fada
long

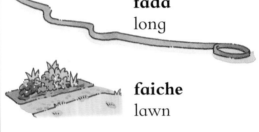

faiche
lawn

fallaing sheomra
dressing gown

fána
slope

faoileán
seagull

farraige
sea

fásach
wild garden

fathach
giant

feadán
tube

feamainn
seaweed

féar
hay

fear an phoist
postman

fear bréige
scarecrow

fear grinn
clown

fear magaidh
jester

fear sneachta
snowman

feirm bhréagáin
toy farm

feirmeoir
farmer

feisteas banaltra
nurse's outfit

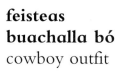
feisteas buachalla bó
cowboy outfit

feisteas dochtúra
doctor's outfit

fia
deer

fiaile
weed

finéagar
vinegar

fionnadh
fur

físthaifeadán
video recorder

flainín
flannel

flocas cadáis
cotton wool

foghlaí mara
pirate

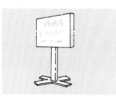
fógra
notice

foireann traenach
train set

folcadán
bath

fómhar
autumn

forbhríste
overalls

forc
fork

forc gairdín
garden fork

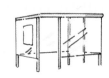
foscadh
shelter

fráma dreapadóireachta
climbing frame

friochtán
frying pan

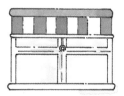
fuinneog
window

Gg

gabhar
goat

gaineamh
sand

gairdín clochrach
rock garden

gairleog
garlic

gallúnach
soap

galrollóir
steamroller

gaothrán
fan

gaothscáth
windscreen

garáiste
garage

garda
guard

garda
police officer

gé
goose

géag
branch

gealach
moon

geansaí
jumper

gearr
short

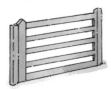
geata
gate

geimhreadh
winter

giolcach
reed

giotár
guitar

glantóir fuinneog
window cleaner

glas fraincín
padlock

gligín
rattle

gliomach
lobster

gloiní cosanta
goggles

gluaisrothar
motorbike

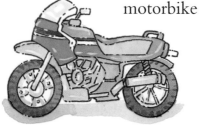

gob
beak

góislín
gosling

gorm
blue

gránach
cereal

grian
sun

grianghraf
photograph

guailleáin
braces

gúna
dress

gúna féasta
party dress

Hh

halla an bhaile
town hall

hamstar
hamster

hata
hat

hata páipéir
paper hat

hata ard
top hat

hata sábhála
safety hat

héalacaptar
helicopter

Ii

iall
lead

iarnród
railway

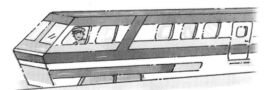

iascaire
angler

im
butter

imeall
border

inneal comhbhrúite
compressor

inneal dóiteáin
fire engine

iontaise
fossil

iora rua
squirrel

iris
magazine

ispín beo
hot dog

Ll

lacha
duck

laghairt
lizard

láí
spade

láma
llama

lámha rothair
handlebars

lámhainn
glove

lampa
lamp

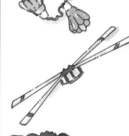
lampaí draíochta
fairy lights

lann rothlach
rotor blade

lao
calf

lapa
paw

lása
lace

lasairéan
flamingo

leabhar
book

leabhar dathadóireachta
colouring book

leabhar grinn
comic

leabharlann
library

leabhragán
bookcase

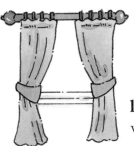
leac fuinneoige
windowsill

leac oighir
ice

leac urláir
floor tile

leacán
tile

leanbh
baby

leantóir
trailer

léarscáil
map

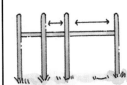
leathan
wide

Lego
Lego

léine
shirt

léine allais
sweatshirt

leipreachán
gnome

léitheoir
reader

leithreas
toilet

leon
lion

leon baineann
lioness

leoraí crochta
tipper truck

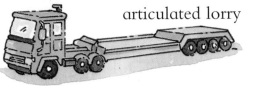
leoraí siúntaithe
articulated lorry

lián
trowel

liath
grey

liathróid
football

liathróid leadóige
tennis ball

liathróid sneachta
snowball

liathróid trá
beach ball

linn lachan
duck pond

líon
net

liopard
leopard

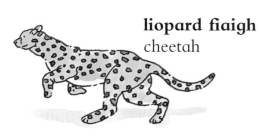
liopard fiaigh
cheetah

loch
lake

lochán
pond

lochtán
terrace

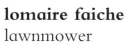

lomaire faiche
lawnmower

luamh
yacht

luaschárta
flashcard

lucht féachana
audience

luchtóir
loader

lus an chromchinn
daffodil

Mm

madra caorach
sheepdog

maide cuirtíní
curtain pole

maide rámha
oar

mála dochtúra
doctor's bag

mála scoile
satchel

maor tráchta
traffic warden

margairín
margarine

marla
Plasticine

marmar
marble

masc
face mask

mata folcadáin
bath mat

matal
mantlepiece

meá
bathroom scales

meascthóir suiminte
concrete mixer

meascthóir suiminte
cement mixer

meaisín níocháin
washing machine

mil
honey

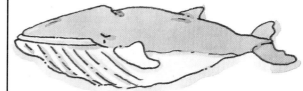
míol mór
whale

87

mionfheoil
mince

míreanna mearaí
jigsaw puzzle

mitín
mitten

moncaí
monkey

móta
moat

mótarbhealach
motorway

muc
pig

muc ghuine
guinea pig

mufaí cluaise
ear muffs

muinchille
sleeve

múinteoir
teacher

mútóg
flipper

Nn

naipcín páipéir
paper napkin

nathair
snake

nead
nest

nua
new

nuachtán
newspaper

Oo

ochtapas
octopus

oigheann
oven

oileán
island

oinniún
onion

oisre
oyster

ola
oil

ola ghriandíonach
suntan lotion

ollmhargadh
supermarket

ollphéist
monster

ollscartaire
bulldozer

oráiste
orange

oráiste
orange

ospidéal
hospital

óstán
hotel

ostrais
ostrich

otharcharr
ambulance

Pp

páipéar leithris
toilet paper

paraisiút
parachute

peann luaidhe
pencil

**pearaicít
Astrálach**
budgerigar

pearóid
parrot

peileacán
pelican

péint
paint

picnic
picnic

pictiúr
drawing

pictiúr
painting

pilirín
pinafore dress

piliúr
pillow

píobán uisce
hose

piobar
pepper

piorra
pear

pís
pea

pís thalún
peanut

piscín
kitten

pláta
plate

pláta páipéir
paper plate

pléascóg
cracker

pluais
cave

pluma
plum

póca
pocket

poll cait
cat flap

poll cnaipe
buttonhole

poll gainimh
sandpit

pram
pram

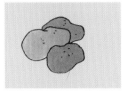
práta
potato

prionsa
prince

próca bláthanna
flowerpot

puball
tent

púdar foltfholctha
shampoo

puipéad láimhe
glove puppet

púirín
hutch

púróg
pebble

Rr

raca
rake

raic
wreck

raidió
radio

raiditheoir
radiator

ráille
railing

ráille tuáillí
towel rail

ramhar
fat

réalta
star

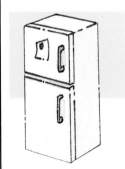
reoiteoir
freezer

rí
king

rialóir
ruler

ribe róibéis
shrimp

ribín
ribbon

ridire
knight

ríomhaire
computer

rís
rice

riteoga
tights

roc
ray fish

rón
seal

rós
rose

rosualt
walrus

roth
wheel

roth stiúrtha
steering wheel

rothar
bicycle

ruga
rug

Ss

sabhaircín
primrose

saighead
arrow

salann
salt

samhradh
summer

scafall
scaffolding

scairf
scarf

scamhóg uisce
aqualung

scátaí rothacha
roller skates

scáth fearthainne
umbrella

scáthán
mirror

scáthlán gaoithe
windbreak

scáthlán lampa
lampshade

sceallóga prátaí
chips

scian
knife

sciath
shield

sciath tine
fireguard

sciathán
wing

scióból
barn

sciorta
skirt

scip
skip

sconna
tap

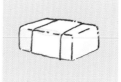
scriosán
rubber

scuab
broom

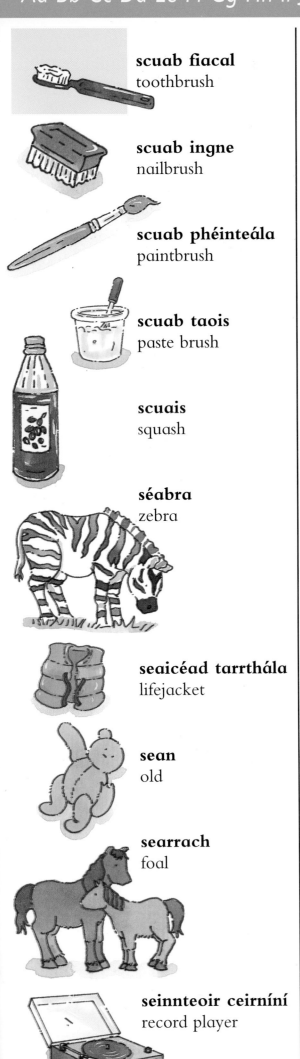

scuab fiacal
toothbrush

scuab ingne
nailbrush

scuab phéinteála
paintbrush

scuab taois
paste brush

scuais
squash

séabra
zebra

seaicéad tarrthála
lifejacket

sean
old

searrach
foal

seinnteoir ceirníní
record player

seinnteoir dioscaí
compact disc player

seol
sail

sféar
sphere

sicín
chick

sióg
fairy

siopa
shop

siopa bréagán
toy shop

sioraf
giraffe

siorbal
gerbil

siorc
shark

siosúr
scissors

sipdhúntóir
zip

siúcra
sugar

siúinéir
carpenter

slabhra páipéir
paper chain

**slacán
daorchluiche**
baseball bat

slat dhraíochta
magic wand

sleamhnán
slide

sliogán
shell

slipéar
slipper

smideadh
make-up

smugairle róin
jellyfish

sneachta
snow

snorcal
snorkel

soilsí tráchta
traffic lights

soitheach gallúnaí
soap dish

soitheach uisce
water bottle

solas
light

sona
happy

sop
straw

sorn
cooker

spaigití
spaghetti

spásárthach
spacecraft

spéaclaí gréine
sunglasses

spíosra
spice

sprioc
target

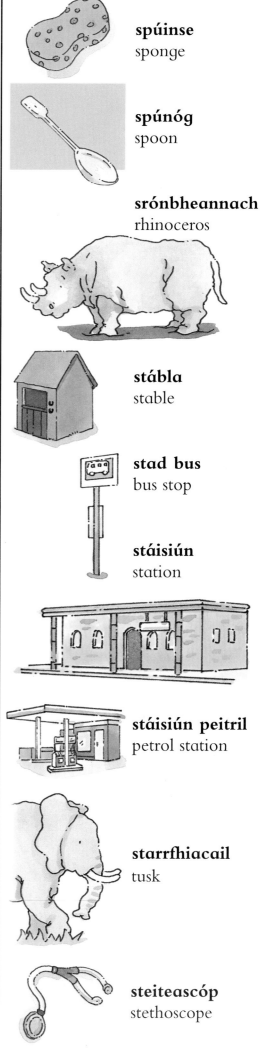

spúinse
sponge

spúnóg
spoon

srónbheannach
rhinoceros

stábla
stable

stad bus
bus stop

stáisiún
station

stáisiún peitril
petrol station

starrfhiacail
tusk

steiteascóp
stethoscope

93

stoca
sock

stól
stool

stopallán
plug

strillín
streamer

stumpa crainn
tree stump

sú
juice

subh
jam

suíochán leithris
toilet seat

súiteoir
sucker

Tt

T-léine
T-shirt

tacóid ordóige
drawing pin

tacsaí
taxi

taibhse
ghost

tanaí
thin

taos
paste

taos fiacal
toothpaste

tarbh
bull

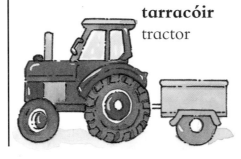
tarracóir
tractor

tarraiceán
drawer

tarramhacadam
tarmac

teach
house

teach bábóige
doll's house

teach solais
lighthouse

teach spéire
tower block

téad scipeála
skipping rope

teallach
fireplace

teileafón
telephone

teilifíseán
television

téipthaifeadán
tape recorder

teirmeas
Thermos flask

thíos
down

thuas
up

ticéad
ticket

timpeallán
roundabout

tine
fire

tine chnámh
bonfire

tíogar
tiger

tiománaí
driver

tiománaí bus
bus driver

tochaltóir
digger

tógálaí
builder

tóirse
torch

tolg
settee

tollán
tunnel

tonn
wave

tonnchlár
surfboard

tor
bush

tor
shrub

tortóis
tortoise

tóstaer
toaster

trá
beach

trach
trough

traein
train

tráta
tomato

triantán
triangle

trírothach
tricycle

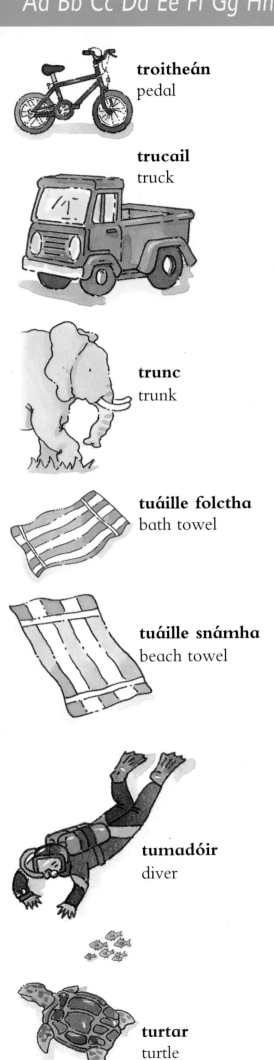

troitheán
pedal

trucail
truck

trunc
trunk

tuáille folctha
bath towel

tuáille snámha
beach towel

tumadóir
diver

turtar
turtle

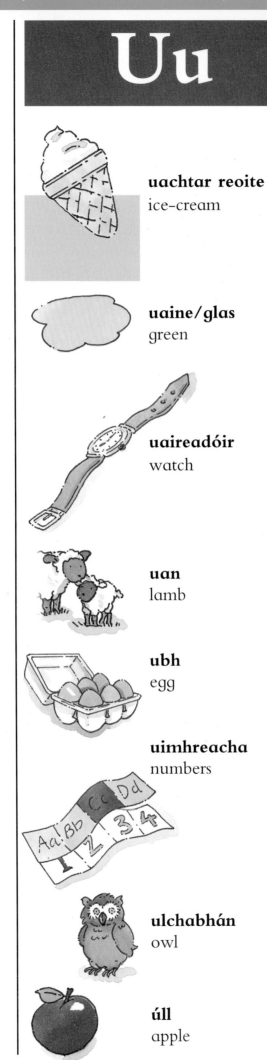

Uu

uachtar reoite
ice-cream

uaine/glas
green

uaireadóir
watch

uan
lamb

ubh
egg

uimhreacha
numbers

ulchabhán
owl

úll
apple

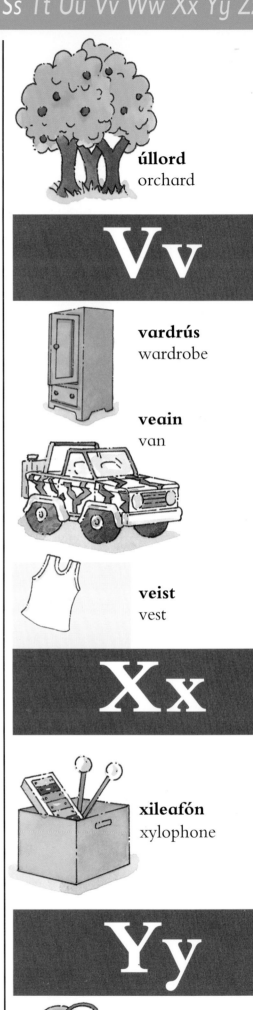

úllord
orchard

Vv

vardrús
wardrobe

veain
van

veist
vest

Xx

xileafón
xylophone

Yy

yó-yó
yo-yo